Ana borau te nii

Te korokaraki iroun Rimeta Sambo
Te korotaamnei iroun Clarice Masajo

Library For All Ltd.

E boutokaaki karaoan te boki aio i aan ana reitaki ae tamaaroa te Tautaeka ni Kiribati ma te Tautaeka n Aotiteeria rinanon te Bootaki n Reirei. E boboto te reitaki aio i aon katamaaroaan te reirei ibukiia ataein Kiribati ni kabane.

E boreetiaki te boki aio iroun te Library for All rinanon ana mwane ni buoka te Tautaeka n Aotiteeria.

Te Library for All bon te rabwata ae aki karekemwane mai Aotiteeria ao e boboto ana mwakuri i aon kataabangakan te ataibwai bwa e na kona n reke irouia aomata ni kabane. Noora libraryforall.org

Ana borau te nii

E moan boreetiaki 2022
E moan boreetiaki te katootoo aio n 2022

E boreetiaki iroun Library For All Ltd
Meeri: info@libraryforall.org
URL: libraryforall.org

Te korotaamnei iroun Clarice Masajo

Atuun te boki Ana borau te nii
Aran te tia korokaraki Sambo, Rimeta
ISBN: 978-1-922795-76-2
SKU02300

Ana borau te nii

E tei n rarario i
etan te nama.

4

A tine uaana
aika tiraua.

E bwaka benna
i taari.

E a tabe ni beibeti
n raroa ma te aba.

E a beibeti i
nuukani marawa.

A takaakaro kuua
ma ngaia.

A takaakaro
mannikiba
ma ngaia.

E a katikaki nakon
te aba n te aira.

E a koro i aon
te bike.

E kuneaki iroun te
mwaane ao e unikia.

E a ikawai ao e a manga tine uaana.

A riki uaana bwa
nimara te moimoto.

E reke nimara te
karewe man arina.

A kona ni kanaki
maraina ao utona.

E kaboonganaaki
botona bwa kain
te auti ao te buia.

A reke inaaira, bwaai
ni katamaaroa n tain
te boobootaki ao wiin
te kainiiaaki man
baana ao nokona.

Ti a kabwaia bwa a
rawata niin abara
ibukin nimara, kanara,
bwain ara auti ao
kainnanora riki tabeua.

Ko kona ni kaboonganai titiraki aikai ni maroorooakina te boki aio ma am utuu, raoraom ao taan reirei.

Teraa ae ko reiakinna man te boki aio?

Kabwarabwaraa te boki aio.
E kaakamanga? E kakamaaku?
E kaunga? E kakaongoraa?

Teraa am namakin i mwiin warekan te boki aio?

Teraa maamaten nanom man te boki aei?

Karina ara burokuraem ni wareware
getlibraryforall.org

Rongorongoia taan ibuobuoki

E mmwammwakuri te Library For All ma taan korokaraki ao taan korotaamnei man aaba aika kakaokoro ibukin kamwaitan karaki aika raraoi ibukiia ataei.

Noora libraryforall.org ibukin rongorongo aika boou i aon ara kataneiai, kainibaaire ibukin karinan karaki ao rongorongo riki tabeua.

Ko kukurei n te boki aei?

Iai ara karaki aika a tia ni baarongaaki aika a kona n rineaki.

Ti mwakuri n ikarekebai ma taan korokaraki, taan kareirei, taan rabakau n te katei, te tautaeka ao ai rabwata aika aki irekereke ma te tautaeka n uarokoa kakukurein te wareware nakoia ataei n taabo ni kabane.

Ko ataia?

E rikirake ara ibuobuoki n te aonnaaba n itera aikai man irakin ana kouru te United Nations ibukin te Sustainable Development.

libraryforall.org

www.ingramcontent.com/pod-product-compliance
Lightning Source LLC
Chambersburg PA
CBHW040313050426
42452CB00018B/2815